AF509572

L'ASSEMBLÉE PROVINCIALE D'ANJOU

ET

L'ÉLECTION DE LA FLÈCHE

L'édifice administratif de l'ancien régime faisait un tout tellement enchevêtré qu'en touchant à une de ses parties, on risquait de compromettre la solidité de l'ensemble. Élevé au jour le jour pendant une période qui remontait jusqu'aux origines les plus reculées, il gardait les empreintes successivement reçues au cours des siècles. En effet, chaque fois qu'une institution nouvelle s'était introduite dans l'organisation du royaume, on n'avait pas toujours supprimé celle qu'on remplaçait, mais on l'avait laissé coexister virtuellement à côté de celle qu'on lui avait substituée, et les juristes ne savaient pas toujours le point où l'ancien droit faisait place au nouveau. Les divisions géographiques présentaient de semblables anomalies : chaque branche des services publics avait tracé les limites de sa juridiction sans se préoccuper de celle des autres : l'Église, l'Armée, la Justice, les Finances, les Diocèses, les Gouvernements, les Sénéchaussées, les Élections avaient leurs circonscriptions territoriales particulières, et ces diversités se retrouvent quelquefois jusque dans les détails administratifs d'une simple paroisse. Il est donc impossible de déterminer exactement les limites d'une province, puisque ces mêmes limites variaient suivant le point de vue auquel on se plaçait. On en trouvera un exemple dans la difficulté qui divisa les deux Assemblées provinciales du Maine et de l'Anjou pendant les trois années de leur existence.

Au point de vue administratif, la province d'Anjou, une des trois provinces qui formaient la généralité de Tours, était divisée en six élections : Angers, Baugé, Château-Gontier, *La Flèche*, Montreuil-Bellay et Saumur.

L'élection de La Flèche, dont le chef-lieu avait été établi à La Flèche en 1595, comprenait 102 paroisses.

Sur ces 102 paroisses, 33 seulement appartenaient à la grande sénéchaussée d'Anjou et 29 au diocèse d'Angers.

On sait qu'un édit du roi, enregistré au Parlement le 22 juin 1787, établissait des Assemblées provinciales dans toutes les provinces d'élection du royaume. Le 6 octobre 1787, s'ouvrit à Tours, au Mans et à Angers, l'Assemblée provinciale de la Touraine, du Maine et de l'Anjou. Chacune était composée de 32 membres et de deux procureurs généraux syndics. Un quart des membres appartenait au clergé, un quart à la noblesse, et le tiers-état en fournissait la moitié. Ce fut l'unique session des Assemblées Provinciales. Mais elles ne laissèrent pas d'exercer une grande influence pendant près de trois ans, au moyen de leurs *Commissions intermédiaires*, on dirait aujourd'hui la *Commission départementale*. En effet, en se séparant à la fin du mois d'octobre 1787, chaque Assemblée avait laissé à un certain nombre de ses membres le soin de s'occuper des affaires courantes et d'étudier les réformes que l'on se proposait d'apporter dans l'administration nouvelle de la province.

Suivant les instructions royales, chaque Assemblée provinciale devait diviser la province en plusieurs districts, « en faisant division des élections qui étaient trop étendues (1) ».

En conséquence, l'Assemblée provinciale d'Anjou, dans sa séance du 15 octobre 1787, partage la province en seize districts. L'élection de La Flèche fut divisée en deux districts : celui de La Flèche et celui de Sablé.

Chaque district fut pourvu de quatre correspondants, dont l'un appartenait au clergé, un à la noblesse et les deux autres au tiers-état. Les Fléchois qui devaient correspondre avec la Commission intermédiaire de l'Assemblée provinciale d'Anjou, se nommaient : M. Villar, supérieur du collège royal de La Flèche, M. de Sarcé de Bocé, M. Hamon de Civray, conseiller à l'élection et M. Riober des Pérés, avocat. On choisit pour correspondants du district de Sablé : M. Praticou, curé de Saint-Martin de Précigné, M. de Ravenelle, M. de Brûlon, ancien bailli de Sablé (2) et M. Fillion aîné, domicilié à Morannes.

Mais l'Assemblée provinciale d'Anjou avait compté sans l'Assemblée provinciale du Maine. Sous prétexte que 73 paroisses sur 102 de l'élection de La Flèche étaient plus rapprochées du Mans que d'Angers, l'Assemblée mancelle résolut de les comprendre dans ses districts, également au nombre de seize. Le 16 octobre 1787, elle décida que 24 des 73 paroisses feraient partie du district de Château-du-Loir, 17 du district de Loué, une du district de Mayenne, une du district de La Quinte, et 30 du district de Sablé.

Ainsi, pour les Manceaux, 29 paroisses seulement devraient relever de l'Assemblée provinciale d'Anjou. Les 73 autres devraient faire partie de l'Assemblée provinciale du Maine (3).

(1) Règlement royal du 18 juillet 1787, article VII.
(2) M. de Brûlon n'accepta pas.
(3) L'énumération complète de toutes les paroisses de l'élection

Ce fut l'objet d'un grave différend entre les deux Assemblées. Il semble bien que la légalité était pour l'Assemblée d'Anjou, puisque de tout temps les 73 paroisses appartenaient à l'une des élections de la province.

Une dizaine de mémoires furent envoyés de part et d'autres sur la question des 73 paroisses. Les six rédigés par les Angevins sont conservés aux Archives départementales de Maine-et-Loire (1). Nous allons reproduire le cinquième parce qu'il nous a paru le plus complet (2). Après l'avoir lu, on aura une idée suffisante des arguments invoqués des deux côtés, car le mémoire angevin ne fait que de réfuter les assertions de l'adversaire. Dans son numéro de novembre-décembre 1908, la *Revue historique et archéologique du Maine* a publié le mémoire des Manceaux qui arriva à Angers le 20 mai 1788. Aussitôt la Commission intermédiaire d'Anjou chargea un de ses membres, M. Boylesve de la Maurouzière, de rédiger un nouveau rapport qu'on adressa au Conseil du Roi. Nous le donnons *in extenso*.

« Il s'agit, dans la contestation que l'Assemblée Provinciale du Maine a suscitée à celle d'Anjou, de savoir si l'Assemblée du Maine a eu droit de prendre 73 paroisses de l'élection de La Flèche, qui est d'Anjou, pour les mettre dans ses districts, paroisses que l'Assemblée Pro-

de La Flèche et leur division en districts a été publiée dans la *Revue historique et archéologique du Maine* (novembre-décembre 1908).

(1) *Archives de Maine-et-Loire*, C 169.

(2) Le premier a paru dans les *Annales Fléchoises* (février 1903), le deuxième dans les *Annales Fléchoises* (septembre-décembre 1908), et le sixième dans l'*Anjou Historique* (novembre-décembre 1908).

vinciale d'Anjou avait comprises dans les siens comme lui
appartenant.

« Dans cette matière comme dans toute autre, ce ne
sont pas les convenances, les vues particulières qui
doivent être écoutées, ce sont les *titres soutenus d'une
possession légitime.*

« La Commission Intermédiaire du Maine a été priée
plusieurs fois d'en produire. Elle a toujours évité d'y
satisfaire. Elle est encore sommée de le faire aujourd'hui.

« La Commission Intermédiaire d'Anjou représente
et ses titres et sa possession. Elle supplie le Conseil de
Sa Majesté de les honorer de son attention.

« Henri IV, voulant fixer les limites jusqu'alors incer-
taines du département de finance de l'Anjou et de celui
du Maine, créa par un édit solennel une élection qu'il
plaça dans la ville de La Flèche, qui est d'Anjou. Ce
prince mit 73 paroisses dans son arrondissement, plusieurs desquelles ressortissent de la sénéchaussée du Mans.
Voilà le titre de la province d'Anjou, une loi enregistrée.
Cette loi a toujours été exécutée depuis sans réclamation,
c'est-à-dire depuis deux siècles, voilà la possession.

« La Commission intermédiaire du Maine, pour auto-
riser son usurpation, a dit, et elle le répète sans cesse, que
les paroisses dont il s'agit étaient de sa province. Elle
joue perpétuellement sur le mot de province, auquel elle
ne veut donner d'autre sens que l'étendue de pays sou-
mis à la même coutume et aux mêmes tribunaux de justice.

« La Commission intermédiaire d'Anjou a rappelé les
principes, les notions les plus communes, les plus fami-
lières. Il est reconnu, il est avoué de tout le monde qu'une
même province est connue sous plusieurs divisions différentes, et surtout sous la division de département coutu-
mier ou de tribunaux de justice, et sous la division de
département de finance. Le titre de province s'applique

à l'un ou à l'autre également, et suivant les objets qu'on envisage. Leurs limites sont différentes dans toutes les provinces du royaume, elles ne sont les mêmes nulle part. L'administration des finances n'est, dans aucune partie de la France, renfermée dans l'étendue de l'administration coutumière ou de juridiction. C'est le législateur qui a fait cette différence, c'est son autorité qui a posé les bornes entre l'une et entre l'autre.

« Les fonctions des Assemblées Provinciales ne se rapportent qu'à l'Administration des finances, c'est sous ce point de vue seulement qu'elles sont connues et qu'elles annoncent les provinces, vérité établie, notion irrévocablement fixée par l'article 2 de l'édit de création des Assemblées Provinciales, qui renferme leurs fonctions dans la répartition des impôts, le commerce, l'inspection des ouvrages publics, les chemins, l'agriculture, etc., tous objets de l'administration financière et qui étaient ci-devant confiés aux intendants.

« La Commission intermédiaire d'Anjou a conclu de là, et dans la forme d'une démonstration rigoureuse, que la totalité de l'élection de La Flèche appartient au département de finance de l'Anjou, et à la province sous ce caractère. Elle a droit de conclure également que le mot de province ou celui d'Assemblée Provinciale, employés indistinctement dans les articles des règlements, brevets, instructions, commissions, survenus depuis l'édit de création des Assemblées Provinciales et qui ne peuvent s'écarter du sens fixé par l'édit, ne signifient dans ces actes particuliers et subséquents du pouvoir souverain que le département de finance sous le nom de province, et que cette expression ne peut être prise autrement.

« La seule manière de combattre raisonnablement les moyens de la province d'Anjou, ce serait de prouver que la division d'une même province en départements de finance et en départements de juridiction ou de coutume est une chimère, et qu'une même province est renfermée dans les bornes de sa coutume. Mais ce serait contredire la constitution hiérarchique de la France, les premiers éléments de sa composition, l'évidence même.

« La Commission intermédiaire du Maine ne le fait pas ouvertement, mais elle le suppose partout, pour mêler les idées et échapper à la faveur de cette confusion.

« En se référant à ce qui a été traité plus en détail dans le Mémoire intitulé *Observations* (1), on se contentera de parcourir le nouvel écrit de la province du Maine pour la rappeler à l'état de la question et aux principes immuables qui décident contre elle.

« La Commission intermédiaire du Maine, pour s'attribuer les 73 paroisses de l'élection de la Flèche, avance que ce n'est pas la ville où est le siège d'une élection qui détermine à quelle province appartiennent les paroisses de son ressort. C'est supposer qu'on ne fait consister une province que dans son département de coutume et de juridiction. Mais ici il ne s'agit que de son département de finance. Les lois ont mis dans celui d'Anjou les 73 paroisses dont il s'agit et toute l'élection de La Flèche. Ces paroisses font partie, depuis deux siècles, de la province d'Anjou ; elles sont devenues étrangères à celle du Maine par rapport à son administration de finance. Le Roi pouvait placer certainement ailleurs le siège de cette élection, personne n'en doute ; mais il ne l'a pas fait, mais il l'a placé dans la province d'Anjou, qui ne peut ni ne doit l'abandonner.

« La Commission intermédiaire du Maine rappelle encore l'anecdote de la prétendue nomination de M. le marquis de Juigné d'abord à la présidence de l'Assemblée Provinciale d'Anjou. Pendant qu'elle rejette les monuments les plus authentiques de l'histoire qui lui

(1) C'est-à-dire le troisième Mémoire.

nuisent, elle s'attache à des faits qui n'ont en eux-mêmes ni application à la question, ni même de vraisemblance (1).

« Elle ne peut tirer aucune conséquence des mémoires des seigneurs d'Anjou et du Maine, afin d'obtenir pour chacune de leur province une administration provinciale. Ils la demandaient de même nature que celles des autres provinces qui ne s'étendent que sur les départements de finances. C'est donc pour le département de finance de chacune de leurs provinces qu'ils l'ont demandée et obtenue. Cette observation répond à tout et ne laisse pas une objection raisonnable (2).

« On veut encore faire valoir les lettres de M. l'Intendant qui a paru approuver le projet de l'Assemblée du Maine (3). Mais la consultation qu'on lui a faite n'a point été communiquée à l'Assemblée d'Anjou, cette Assemblée n'a point été entendue. D'ailleurs, M. l'Intendant a déclaré dans ses lettres qu'il ne prétendait pas juger la question, qui ne pouvait être décidée que par le Conseil. Si l'avis qu'il a donné parait favoriser les idées de l'As-

(1) Le marquis de Juigné était président de l'Assemblée provinciale du Maine et le duc de Praslin président de celle d'Anjou. Les terres de ces deux seigneurs se trouvaient dans l'élection de La Flèche. Les Manceaux avaient dit dans leur mémoire que le duc de Praslin avait été tout d'abord nommé par le roi à la présidence de l'Assemblée du Maine et le marquis de Juigné à la présidence de l'Assemblée d'Anjou. Suivant eux, cela fut changé par le monarque, parce que les terres du duc de Praslin étaient situées dans la partie de l'élection qui était d'Anjou, et les terres du marquis de Juigné dans la partie de l'élection qui était du Maine.

(2) Il s'agit d'une pétition faite en 1787 par des ecclésiastiques, des seigneurs et des propriétaires de l'Anjou et du Maine pour demander une Assemblée particulière pour l'Anjou et une autre pour le Maine, afin d'échapper à la domination d'une Assemblée générale des trois provinces de la Généralité de Tours.

(3) L'intendant de Tours se nommait M. d'Aine. Ses deux lettres avaient été écrites les 9 et 23 octobre 1787.

semblée du Maine, qu'elle y prenne garde : c'est dans la seule supposition que la généralité de Tours doit être réputée ne faire qu'une province des trois qui la composent, d'où résultera la conséquence qu'elle n'aurait besoin que d'une seule Assemblée Provinciale qui diviserait ses élections sans distinction de province. En mettant en avant un pareil avis, la Commission intermédiaire du Maine affaiblit la réclamation qu'elle a faite contre l'Assemblée générale. Y a-t-elle bien réfléchi? Mais les trois Assemblées provinciales sont indépendantes les unes des autres, et aucune ne peut prendre sur le département de finance de l'une pour en augmenter le sien.

« La Commission intermédiaire du Maine se permet encore de critiquer, comme elle l'avait déjà fait, les lois d'Henri IV, ce modèle des plus grands rois (1). Mais les opérations d'un tel prince se soutiennent d'elles-mêmes, et la preuve frappante que la loi particulière par laquelle il a placé une élection à La Flèche et compris dans son ressort les 73 paroisses dont il s'agit était bonne et utile, c'est qu'elle est exécutée depuis 200 ans sans interruption, sans avoir excité d'inquiétude, sans aucune espèce de contradiction.

« Pourquoi la Commission intermédiaire du Maine revient-elle ici sur la plainte que la Commission intermédiaire d'Anjou lui a portée contre elle-même, de l'attroupement des syndics à Sablé (2)? La Commission d'Anjou ne craignait pas les suites d'une réclamation de leur part

----

(1) Les Manceaux disaient que Henri IV « avait été mal instruit ».

(2) Les Manceaux s'étaient empressés, dès la fin de 1787, de rassembler les syndics des paroisses de l'élection de La Flèche qu'ils avaient fait entrer dans leur district de Sablé, et ce, sans avertir les Angevins. Ce procédé avait paru incorrect à ces derniers qui, depuis 200 ans, regardaient à juste titre l'élection de La Flèche comme une des six de leur province.

que cette assemblée paraissait avoir eu pour objet ; mais il lui était important de faire observer d'avance combien un pareil acte aurait été tardif, illégal et visiblement suggéré. — L'Assemblée du Maine ne craint pas d'ajouter que, si les seigneurs d'Anjou possèdent un si grand nombre des 73 paroisses, comme on le dit, il leur serait facile de les déterminer en leur faveur. Les seigneurs d'Anjou dédaigneraient de pareilles démarches, elles offenseraient leur délicatesse.

« La dernière ressource de la Commission intermédiaire du Maine, pour suppléer au défaut de preuves, c'est d'exagérer de nouveau les inconvénients, les dépenses, les courses éloignées auxquels sont exposées, dit-elle, les 73 paroisses étant dépendantes de l'élection de La Flèche et par elle de l'Assemblée Provinciale et de la Commission intermédiaire d'Anjou.

« A l'égard du ressort de l'élection de La Flèche, elles en font partie depuis 200 ans. C'est une loi enregistrée qui l'a ordonné ; et pendant un temps aussi considérable, jamais et dans aucune circonstance ces paroisses n'en ont fait de plaintes ; raison bien décisive pour rejeter celles qui viendraient aujourd'hui, et n'avoir aucun égard aux déclamations de la Commission intermédiaire du Maine. On est forcé de le dire, elles manquent tout à la fois à cet égard de justesse et d'exactitude. La Flèche n'est pas plus éloignée de ces paroisses que Le Mans. C'est à La Flèche seule, c'est au Tribunal de cette élection que l'on plaide. Les Assemblées Provinciales et leurs Commissions intermédiaires ne forment point un tribunal contentieux. Ainsi à cet égard les habitants de ces paroisses n'ont pas plus de longs voyages à faire ; ils s'adresseront, comme ils l'ont fait depuis deux siècles, au Tribunal de l'élection de La Flèche (1).

(1) La réplique des Angevins est péremptoire. En effet, les questions litigieuses relatives aux impositions, réglées aujour-

« La Commission intermédiaire du Maine oublie encore que les municipalités, les paroisses ne sont point obligées de s'adresser directement à l'Assemblée Provinciale ou à sa Commission intermédiaire. Les règlements portent qu'elles feront passer aux bureaux de correspondance de leur district toutes leurs demandes, tous leurs mémoires ; les districts les adresseront avec leurs avis à la Commission intermédiaire, qui leur fera repasser la décision pour être par eux remise aux municipalités. On voit par cette disposition, digne de la sagesse du Gouvernement, que les municipalités des paroisses dont il s'agit n'ont ni dépenses ni courses ni déplacements extraordinaires à faire : elles ne feront que ce qu'elles faisaient auparavant.

« Pour donner du corps à cette vaine inquiétude, la Commission intermédiaire du Maine ne craint pas d'avancer que le Maine et l'Anjou sont comme étrangers l'un à l'autre, par la différence d'intérêts, de commerce, d'usages, de coutumes.

« Il est pénible pour la Commission intermédiaire d'Anjou d'être obligée de répéter encore que c'est parler contre la notoriété publique et comme si on n'avait jamais vécu dans les deux provinces.

« Il n'y en a peut-être point en France de plus liées entre elles sous tous les rapports de lois, d'usages, de sol,

d'hui par le Conseil de Préfecture, étaient jugées non pas au chef-lieu de la province, mais au chef-lieu de l'élection. Voici quelle était la composition du tribunal de l'élection de La Flèche lors de sa disparition en 1790 : MM. Serrurier de la Fuie, président, Pihery, président honoraire, X., lieutenant, Lemercier, conseiller, Duvigneul, conseiller, Hamon, conseiller, Estourneau, conseiller, Allelay de la Vinoisière, procureur du roi, Guchery, greffier, Rocher, huissier.

Il y avait, dans chaque élection, un subdélégué relevant directement de l'intendant de Tours. Celui de La Flèche, en 1790, se nommait De la Fuie et avait Dulac pour greffier.

de commerce, de culture. — A l'égard des lois, il faut
encore répéter que les jurisconsultes regardent les deux
coutumes comme deux « sœurs germaines » ; elles ne
sont, à proprement parler, que deux éditions du même
ouvrage. Les deux provinces ont eu les mêmes premiers
magistrats, les mêmes sénéchaux pendant plusieurs
siècles et qui résidaient à Angers. Ce sont ces monuments
de l'histoire qui déplaisent à la Commission intermédiaire du Maine.

« A l'égard du commerce, faut-il encore répéter qu'il
est absolument le même pour l'essentiel dans les deux
provinces? La manufacture de toiles de Laval a son chef-
lieu dans le Maine, mais s'étend dans le tiers de l'Anjou
qui lui fournit autant de matière première, lin, chanvre,
que le Maine. Ce sont les productions les plus abondantes
des deux provinces, et cette importante manufacture
leur est absolument commune. La Commission du Maine
se plaît à représenter l'Anjou comme couvert d'arbres
fruitiers même dans les chemins, ce qui est extrêmement
exagéré. Ce genre de production qui consiste principale-
ment en pommiers, lui est commun avec le Maine, qui en
nourrit encore beaucoup davantage, puisqu'on y récolte
beaucoup plus de cidre. L'Anjou produit des laines
comme le Maine. L'Anjou a des manufactures d'étamines
comme le Maine. L'Anjou a la même agriculture, qu'elle
cherche à perfectionner, comme le Maine. Le Maine
abonde en excellents pâturages qui l'emportent sur ceux
de l'Anjou. L'Anjou a, dans sa partie méridionale, plus
de vignes que le Maine, mais ce territoire ne fait pas la
cinquième partie de son étendue. Le Maine est dédom-
magé par l'abondance et la qualité de ses cidres. Tout ce
qu'on lit à cet égard dans le nouvel écrit du Maine ne
doit donc pas faire craindre, comme on cherche à l'insi-
nuer, de la négligence de la part de l'Assemblée Provinciale d'Anjou à donner ses soins à tout ce qui peut faire le

bien des 73 paroisses, qui vraiment sont étrangères au Maine pour le département de finance, depuis deux siècles qu'elles sont sous l'administration financière de l'Anjou ; leurs demandes pour de nouvelles routes seront accueillies comme toutes celles des autres parties de la province. Le Maine, qui veut douter des dispositions de l'Anjou, peut-il ignorer la démarche patriotique des procureurs syndics de l'Anjou qui ont parcouru toute la province pour faire les adjudications des routes par eux-mêmes, pour tout voir, tout connaître, entendre tout le monde (1) ? Ils se sont portés dans les paroisses dont il s'agit, ils ont donné la plus grande attention à la nouvelle route depuis Angers jusqu'à Sillé-le-Guillaume, route qui, par les nouveaux travaux que la Commission intermédiaire d'Anjou va faire entreprendre de concert avec l'Assemblée du Poitou, procurera au Maine l'inestimable avantage non seulement d'une communication avec la Loire, mais avec tout le Bas-Poitou et la mer qui baigne ses côtes.

« Elle doit prier la Commission intermédiaire du Maine de ne la point croire capable de se renfermer dans de petites idées d'intérêts particuliers de sa province. Elle est aussi flattée du bien qu'elle peut faire à ses voisins que du sien propre. Elle voit en grand, comme l'Assemblée du Poitou avec laquelle, persuadée que le bien général est le plus solide bien particulier, elle néglige des répétitions de territoire que les deux provinces seraient fondées à se faire, si le système du Maine était adopté. Elles sont persuadées l'une et l'autre que l'ordre établi doit être conservé, et que l'un des plus grands obstacles au bien ce sont les innovations.

« La Commission intermédiaire du Maine avance que, sans les 73 paroisses dont il s'agit, elle ne pourrait faire

(1) *Anjou Historique*, mai-juin 1903.

ses districts à peu près égaux. Mais il n'y a point de nombre qu'on ne puisse diviser d'une manière *à peu près égale*. D'ailleurs, si on enlevait les 73 paroisses à l'Anjou, cette province porterait tout le désavantage qui en pourrait résulter, ce qui serait très injuste, puisque les 73 paroisses lui appartiennent.

« On se félicite, de la part de la Commission du Maine, d'une nouvelle découverte. Elle a appris que, par la division de l'élection de Montélimart, cette élection se trouve dépendante en partie de l'Assemblée de département de Valence. La Commission intermédiaire du Maine voudra bien observer que les Assemblées de département des autres provinces ne sont précisément que les Bureaux de districts des nôtres. Les autres Assemblées provinciales ont elles-mêmes formé leurs Assemblées de département, comme dans nos trois provinces on a composé les districts des différentes élections, suivant les règlements.

« Montélimart et Valence sont également de la province du Dauphiné et de son département de finance. Son Assemblée provinciale a réglé ses Assemblées de département. Mais, sans aller jusqu'au Dauphiné, la Commission du Maine avait des exemples plus près d'elle. La province de Touraine, en formant ses districts, a non seulement divisé, mais elle a mêlé ses élections, a pris de l'une pour donner à l'autre (1). Mais on met, en fait, que la Commission du Maine ne trouvera pas dans tout le royaume un seul exemple que le Gouvernement ait permis à aucune Assemblée provinciale de prendre sur le ressort d'une autre Assemblée provinciale et de ce qui n'était pas de son département de finance pour former

---

(1) L'Assemblée provinciale de Touraine avait divisé cette province en huit districts : Amboise, Chinon, Langeais, Loches. Loudun, Preuilly, Richelieu et Tours.

ses Assemblées de département ou ses districts. Ce n'est donc pas ici une découverte, mais une très grande méprise de la part de la Commission intermédiaire du Maine.

« Après avoir prouvé aussi évidemment que l'Assemblée provinciale d'Anjou est fondée sur le titre le plus respectable, sur une loi enregistrée et sur une possession de deux siècles, pour être maintenue à conserver les 73 paroisses dans son administration et que l'Assemblée du Maine n'a aucun motif légitime d'en demander le démembrement, on va montrer en peu de mots que ce démembrement serait très préjudiciable à l'Anjou et même à tout le royaume :

« 1º Les 73 paroisses font une partie considérable du territoire de l'administration de l'Anjou et qui lui est assuré par le titre le plus respectable, le plus capable de fixer l'état des provinces et des personnes, une loi enregistrée et suivie d'une possession de deux siècles. Le Maine se promet des avantages de cette espèce de conquête : ce serait donc une perte réelle pour l'Anjou, à qui ces avantages appartiennent. Avec quelle justice pourrait-on dépouiller l'Anjou en faveur du Maine?

« 2º Le peuple se persuade déjà que la province du Maine se flatte, en prenant les 73 paroisses, de faire retomber sur le reste de l'Anjou une partie des charges qu'elles portent. La Commission intermédiaire d'Anjou, sans vouloir adopter toutes les idées du peuple, est obligée de le dire : la grande importance que la Commission intermédiaire du Maine met dans cette affaire est propre à inspirer de l'inquiétude et force l'Anjou à la défense la plus vigoureuse et à se tenir sur ses gardes. Si les prétentions du Maine pouvaient être accueillies, on laisserait un germe malheureux de défiance et peut-être de discorde.

« 3º Enfin, contre les intentions bienfaisantes du

Gouvernement qui veut entretenir l'union et la paix, on verrait s'élever dans toutes les provinces des contestations de même genre, des répétitions continuelles de territoire, parce qu'il n'y en a aucune qui ne fût en droit d'en prétendre ou d'en éprouver. Si on compte pour rien les lois qui ont fixé les différents départements, comme le voudrait la Commission du Maine, si on dépouillait l'Anjou, on ne pourrait, en suivant la règle d'équité, refuser de lui donner l'élection de Richelieu qui est de Touraine et tout le Mirebalais, qui sont en même temps des juridictions civiles de l'Anjou. Le Poitou serait également autorisé à redemander Loudun et tout le Loudunois, qui est régi par sa coutume et ses juridictions, mais qui fait une élection de Touraine.

« La Commission intermédiaire du Maine dit, sans y faire attention, que cet exemple prouve pour elle, parce qu'on voit deux élections dont le siège est en Poitou et des juridictions du Poitou (il fallait dire et de celles d'Anjou, parce que Richelieu est des juridictions d'Anjou) et leur ressort d'administration de finance de Touraine. Ici, elle abandonnerait son principe de renfermer les Administrations provinciales dans le ressort des juridictions civiles ; elle le reprend tout de suite en ajoutant que c'est une preuve que le siège d'une élection ne décide pas à quelle province appartient son ressort : c'est dire tout de suite le pour et le contre.

« Mais elle croit triompher en ajoutant que cet exemple ne servirait de rien, parce que le Maine offre à l'Anjou de lui laisser 29 paroisses des 102 qui composent l'élection de La Flèche. La Commission d'Anjou répond qu'elle regarde les 73 paroisses, ainsi que les 29, comme étant son bien, dont l'Assemblée du Maine n'a pas droit de disposer.

« La Commission intermédiaire d'Anjou renouvelle ses très respectueuses représentations sur un autre genre

d’inconvénients, qui serait une conséquence inévitable
du système de la province du Maine, si on y avait égard.
Ce serait la nécessité de bouleverser dans tout le royaume
la composition, l’organisation des Assemblées provinciales, de changer toutes les formations de districts et
d’Assemblées de département, de perdre ainsi un
ouvrage qui a mérité l’approbation du Gouvernement,
qui a coûté tant de peines et de temps, qui a pris une
consistance si heureuse et dont il résulterait tant de bien.

« Par ces différents motifs, tous plus graves les uns
que les autres, tous également dignes d’intéresser la justice et la sagesse du Conseil du Roi, la Commission intermédiaire de l’Assemblée provinciale d’Anjou persiste à
demander à être maintenue dans l’administration de la
totalité de l’élection de La Flèche, telle que Henri IV
l’a formée par une loi solennelle, et qui a toujours fait
partie du département de finance de la province d’Anjou. »

*
* *

Voici les noms des Angevins et des Manceaux qui se
disputaient, en 1788, la possession de l’élection de La
Flèche. La Commission intermédiaire de l’Assemblée
provinciale d’Anjou était composée de MM. d’Alichoux,
vicaire général, Burgevin, chanoine de Saint-Pierre
d’Angers, le comte d’Antichamp, Boylesve de la Maurouzière, Body, avocat au présidial d’Angers, Paulmier, lieutenant de l’élection d’Angers, le comte de Dieusie et
Desmazières, ces deux derniers procureurs généraux
syndics. Voici les membres qui formaient la Commission
intermédiaire du Maine : MM. de Moncé, chanoine de
Saint-Pierre, Le Pelletier, prieur-curé de Domfront, le
baron de Villefavard, le vidame de Vassé, Belin de Béru,
procureur du roi au Mans, de l’Étang, avocat au prési-

dial du Mans, Cureau, lieutenant de maire au Mans, de Launay, avocat au Mans, le marquis de Montesson et Leprince d'Ardenay, ces deux derniers procureurs généraux syndics.

La lutte entre Angevins et Manceaux dura jusqu'à la fin de l'ancien régime. Le procureur du Roi de la Flèche continua de faire à la Commission intermédiaire d'Anjou l'envoi des rôles des 73 paroisses et les Angevins furent toujours chargés de faire le département de l'élection entière de La Flèche. Mais les Manceaux assistaient à cette opération, sans avoir, pourtant, « la voix prépondérante ». Le 2 mars 1790, la Commission intermédiaire angevine écrivait encore à ce sujet au contrôleur général pour revendiquer ses droits.

Il n'était plus guère temps de discuter, car, deux jours après, le 4 mars 1790, le roi signait les lettres patentes qui sanctionnaient les décrets de l'Assemblée constituante et divisaient la généralité de Tours en quatre *départements*. Sur les 102 paroisses de l'élection de La Flèche, 78 appartenaient au département de la Sarthe, 14 à celui de la Mayenne, 9 à celui de Maine-et-Loire et une à celui d'Indre-et-Loire.

Les seules paroisses qui nous soient restées de l'ancienne élection de La Flèche sont : Baracé, Daumeray, Durtal (Notre-Dame), Durtal (Saint-Pierre), Étriché, Gouis, Huillé, Morannes et Saint-Germain-sous-Daumeray.

Ces 9 paroisses, les Manceaux consentaient à les laisser aux Angevins avec les 20 autres, dont voici l'énumération et qui, toutes, font partie du département de la Sarthe : Arthezé, Bailleul (Le), Bazouges-sur-Loir, Bousse, Chapelle-d'Aligné (La), Courtilliers, Créans, Crosmières, Dureil, Flèche (La), Louailles, Notre-Dame-du-Pé, Parcé-sur-Sarthe, Pincé, Précigné, Sainte-Colombe, Saint-Germain-du-Val, Verron, Vilaines-sous-Malicorne et Vion.

Enfin, voici les 73 paroisses qui, pendant plus de deux ans, furent vivement contestées entre les deux Assemblées provinciales : Asnières, Aubigné, Auvers-le-Hamon, Avessé, Avoise, Ballée (Mayenne), Bannes, Beaumont-la-Chartre, Beaumont-Pied-de-Bœuf (Mayenne), Bouère (Mayenne), Bouessay (Mayenne), Brûlon, Buret (Mayenne), Chahaignes, Chantenay, Chartre-sur-le-Loir, Chemillé-sur-Dême (Indre-et-Loire), Chevillé, Clermont, Cossé-en-Champagne (Mayenne), Coulongé, Courcelles, Dissay-sous-Courcillon, Fercé, Flée, Fontaine-Saint-Martin, Fontenay, Gastines, Joué-en-Charnie, Juigné-sur-Sarthe, Lavernat, Ligron, Loué, Luché, Malicorne, Mansigné, Marçon, Mareil-en-Champagne, Mareil-sur-Loir, Mayet, Mezangers (Mayenne), Mézeray, Montreuil-en-Champagne, Nogent-sur-Loir, Noyen-sur-Sarthe, Oizé, Pirmil, Poillé, Pontvallain, Préaux (Mayenne), Pringé, Requeil, Sablé (dedans), Sablé (dehors), Saint-Brice (Mayenne), Saint-Denis-d'Orques, Sainte-Suzanne (Mayenne), Saint-Jean-de-la-Motte, Saint-Jean-du-Bois, Saint-Loup-du-Dorat (Mayenne), Saint-Pierre-sur-Erve (Mayenne), Saulges (Mayenne), Solesmes, Souvigné-sur-Sarthe, Suze (La), Tessé, Thoiré-sur-Dinan, Thorigné-en-Charnie (Mayenne), Vaas, Vallon, Verneille-Chétif, Viré, Yvré-le-Pôlin. Cinquante-huit de ces paroisses sont comprises aujourd'hui dans le départementde la Sarthe.

F. UZUREAU,
Directeur de l'*Anjou historique*

(Extrait des Mémoires de la Société nationale d'Agriculture Sciences et Arts d'Angers)

Angers, imp. G. Grassin. — 2124-9